This Book Log Belongs To:

Once upon a time...

AUNT MEG AND ME JOURNALS
find us @Amazon.com/Author/AuntMeg

My Book Log
Table of Contents

· Table of Contents ·

#	BOOK TITLE	AUTHOR
1		
2		
3		
4		
5		
6		
7		
8		
9		
10		
11		
12		
13		
14		

#	BOOK TITLE	AUTHOR
15		
16		
17		
18		
19		
20		
21		
22		
23		
24		
25		
26		
27		
28		
29		
30		
31		
32		

#	BOOK TITLE	AUTHOR
33		
34		
35		
36		
37		
38		
39		
40		
41		
42		
43		
44		
45		
46		
47		
48		
49		
50		

My Book Reviews

MY REVIEW OF :

Book Title: ....

Author:

Page Count:

| 5 | 5 | 5 | 5 | 5 | 5 | | 5 | 5 | 5 | 5 | 5 | 5 | | 5 | 5 | 5 | 5 | 5 | 5 | **Total:** |
| 5 | 5 | 5 | 5 | 5 | 5 | | 5 | 5 | 5 | 5 | 5 | 5 | | 5 | 5 | 5 | 5 | 5 | 5 | |

Date started: _____ **Date finished:** _____

This book was:
Awesome
Okay
Not my favorite

I give this book
⭐ ⭐ ⭐ ⭐ ⭐
stars.

This book is about ....

....

....

....

....

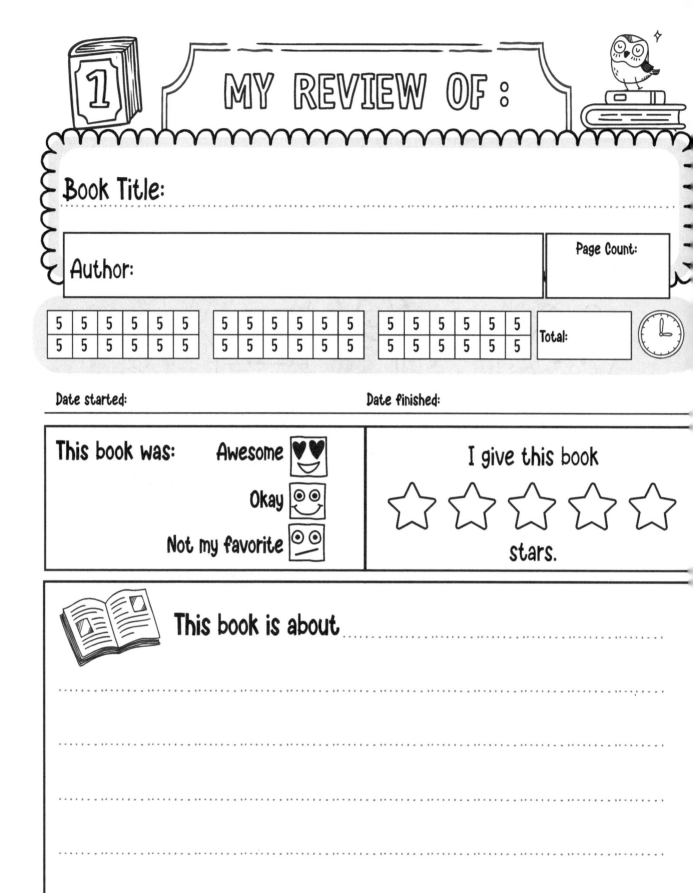

✹ Characters ✹

The main characters are: ....
....
....
My favorite character is: ....

✹ Setting ✹

Where does the story take place?
....
When? ....

My favorite part was

....
....
....

Draw your favorite parts.

I | do | don't | recommend this book because:

....
....
....

MY REVIEW OF :

Book Title: ....

Author:

Page Count:

5	5	5	5	5	5		5	5	5	5	5	5		5	5	5	5	5	5	
5	5	5	5	5	5		5	5	5	5	5	5		5	5	5	5	5	5	

Total:

Date started: **Date finished:**

This book was:
Awesome
Okay
Not my favorite

I give this book
★ ★ ★ ★ ★
stars.

This book is about ....

....

....

....

....

✦ Characters ✦

The main characters are: ....

....

....

My favorite character is: ....

✦ Setting ✦

Where does the story take place?

....

When? ....

....

My favorite part was ♡

....

....

....

Draw your favorite parts.

I │ do │ don't │ recommend this book because:

....

....

....

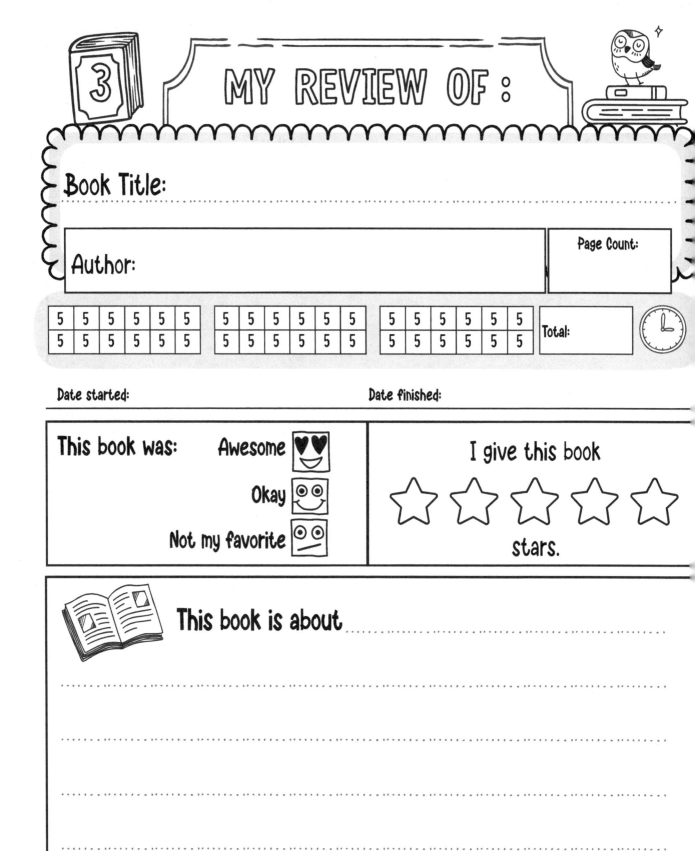

MY REVIEW OF :

Book Title: ....

Author:

Page Count:

5	5	5	5	5	5		5	5	5	5	5	5		5	5	5	5	5	5
5	5	5	5	5	5		5	5	5	5	5	5		5	5	5	5	5	5

Total:

Date started: **Date finished:**

This book was: Awesome
                      Okay
                      Not my favorite

I give this book

⭐ ⭐ ⭐ ⭐ ⭐

stars.

This book is about ....

....

....

....

....

Characters

The main characters are: ....
....
....
My favorite character is: ....

Setting

Where does the story take place?
....
When? ....
....

My favorite part was ♡
....
....
....
....

Draw your favorite parts.

I | do | don't | recommend this book because:

....
....
....

MY REVIEW OF :

Book Title: ....

Author:

Page Count:

| 5 | 5 | 5 | 5 | 5 | 5 | | 5 | 5 | 5 | 5 | 5 | 5 | | 5 | 5 | 5 | 5 | 5 | 5 |
| 5 | 5 | 5 | 5 | 5 | 5 | | 5 | 5 | 5 | 5 | 5 | 5 | | 5 | 5 | 5 | 5 | 5 | 5 |

Total:

Date started: **Date finished:**

This book was: Awesome   Okay   Not my favorite

I give this book   ☆ ☆ ☆ ☆ ☆   **stars.**

This book is about ....

....

....

....

....

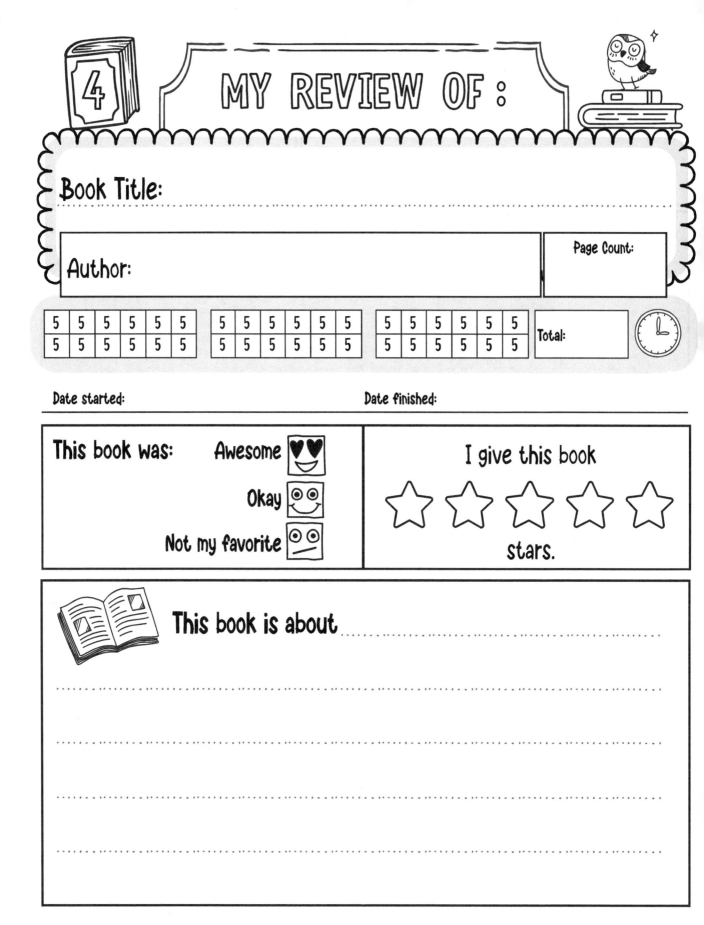

Characters

The main characters are: ....
....
....

My favorite character is: ....

Setting

Where does the story take place?
....

When? ....
....

My favorite part was

....
....
....

Draw your favorite parts.

I [do] [don't] recommend this book because:

....
....
....

MY REVIEW OF:

Book Title:

Author:

Page Count:

5	5	5	5	5	5		5	5	5	5	5	5		5	5	5	5	5	5
5	5	5	5	5	5		5	5	5	5	5	5		5	5	5	5	5	5

Total:

Date started: **Date finished:**

This book was: Awesome
Okay
Not my favorite

I give this book
⭐ ⭐ ⭐ ⭐ ⭐
stars.

This book is about

Characters

The main characters are: ....

....

....

My favorite character is: ....

Setting

Where does the story take place?

....

When? ....

....

My favorite part was

....

....

....

Draw your favorite parts.

I | do | don't | recommend this book because:

....

....

....

MY REVIEW OF :

6

Book Title:
....

Author:

Page Count:

5	5	5	5	5	5		5	5	5	5	5	5		5	5	5	5	5	5
5	5	5	5	5	5		5	5	5	5	5	5		5	5	5	5	5	5

Total:

Date started: **Date finished:**

This book was: Awesome 😍

Okay 🙂

Not my favorite 😐

I give this book

⭐ ⭐ ⭐ ⭐ ⭐

stars.

This book is about ....
....

....

....

....

✬ Characters ✬

The main characters are: ....
....
....
My favorite character is: ....

✬ Setting ✬

Where does the story take place?
....
When? ....
....

My favorite part was ♡

....
....
....

Draw your favorite parts.

I ☐ do ☐ don't recommend this book because:

....
....
....

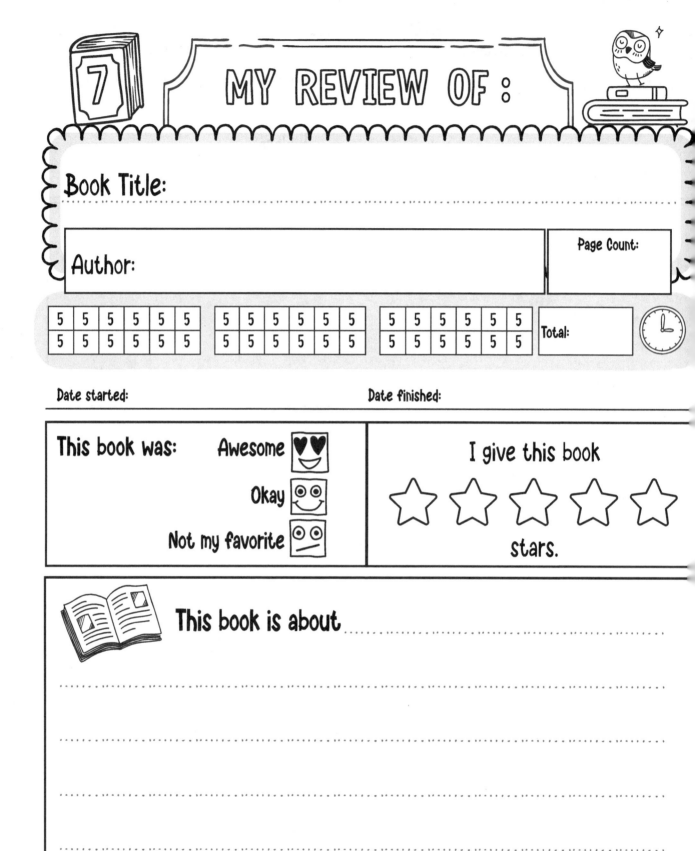

MY REVIEW OF :

Book Title:

Author:

Page Count:

5	5	5	5	5	5		5	5	5	5	5	5		5	5	5	5	5	5
5	5	5	5	5	5		5	5	5	5	5	5		5	5	5	5	5	5

Total:

Date started:

Date finished:

This book was:

Awesome

Okay

Not my favorite

I give this book

⭐ ⭐ ⭐ ⭐ ⭐

stars.

This book is about

Characters

The main characters are: ....
....
....
My favorite character is:...........................

Setting

Where does the story take place?
....
When? ....
....

My favorite part was

....

....

....

Draw your favorite parts.

I [do] [don't] recommend this book because:

....

....

....

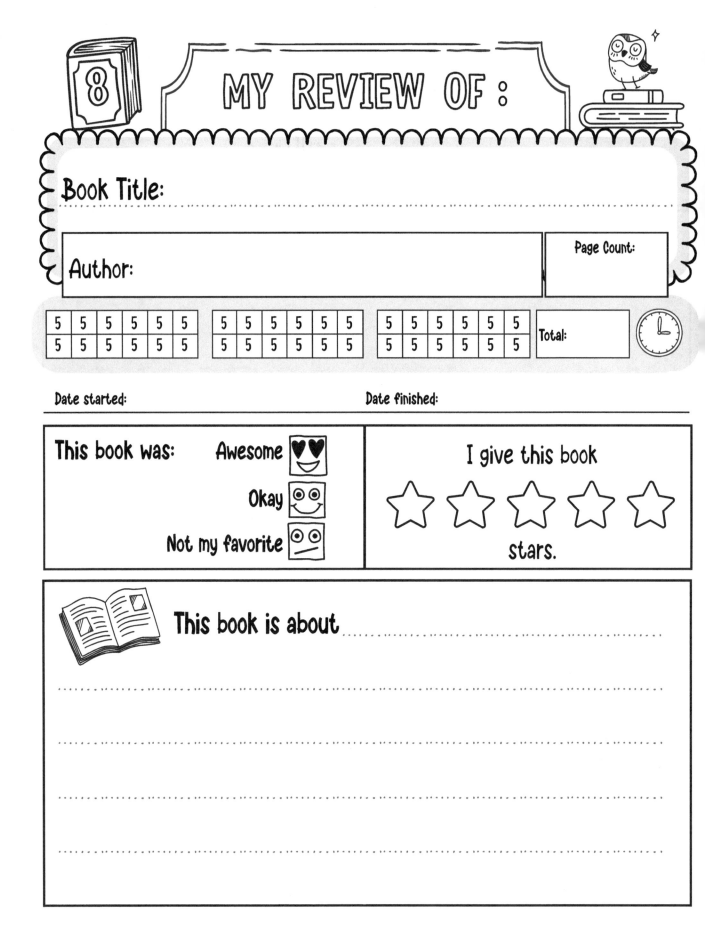

MY REVIEW OF :

Book Title: ....

Author:

Page Count:

5	5	5	5	5	5
5	5	5	5	5	5

5	5	5	5	5	5
5	5	5	5	5	5

5	5	5	5	5	5
5	5	5	5	5	5

Total:

Date started: _____   **Date finished:** _____

This book was:
Awesome
Okay
Not my favorite

I give this book
⭐ ⭐ ⭐ ⭐ ⭐
stars.

This book is about ....

....

....

....

....

✦ Characters ✦

The main characters are: ....
....
....
My favorite character is: ....

✦ Setting ✦

Where does the story take place?
....
When? ....
....

My favorite part was ♡

....

....

....

Draw your favorite parts.

I | do | don't | recommend this book because:

....

....

....

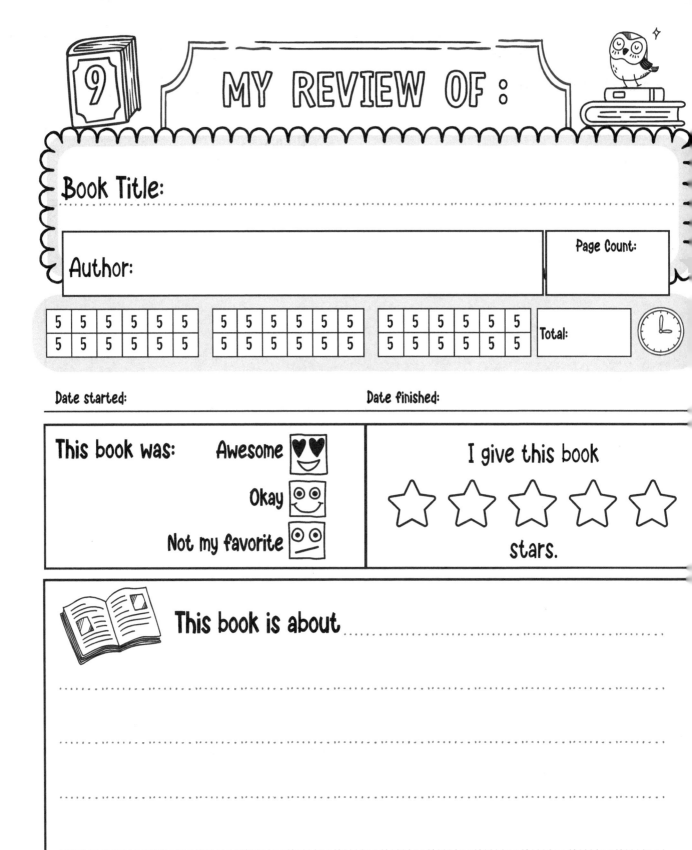

MY REVIEW OF :

Book Title:

Author:

Page Count:

5	5	5	5	5	5
5	5	5	5	5	5

5	5	5	5	5	5
5	5	5	5	5	5

5	5	5	5	5	5
5	5	5	5	5	5

Total:

Date started: _____   Date finished: _____

This book was:

Awesome

Okay

Not my favorite

I give this book ☆ ☆ ☆ ☆ ☆ stars.

This book is about ....

....

....

....

....

Characters

The main characters are: ....
....
....
My favorite character is: ....

Setting

Where does the story take place?
....
When? ....
....

My favorite part was
....
....
....

Draw your favorite parts.

I | do | don't | recommend this book because:

....
....
....

MY REVIEW OF :

Book Title: ....

Author:

Page Count:

5	5	5	5	5	5
5	5	5	5	5	5

5	5	5	5	5	5
5	5	5	5	5	5

5	5	5	5	5	5
5	5	5	5	5	5

Total:

Date started: Date finished:

This book was: Awesome

Okay

Not my favorite

I give this book

⭐ ⭐ ⭐ ⭐ ⭐

stars.

This book is about ....

....

....

....

....

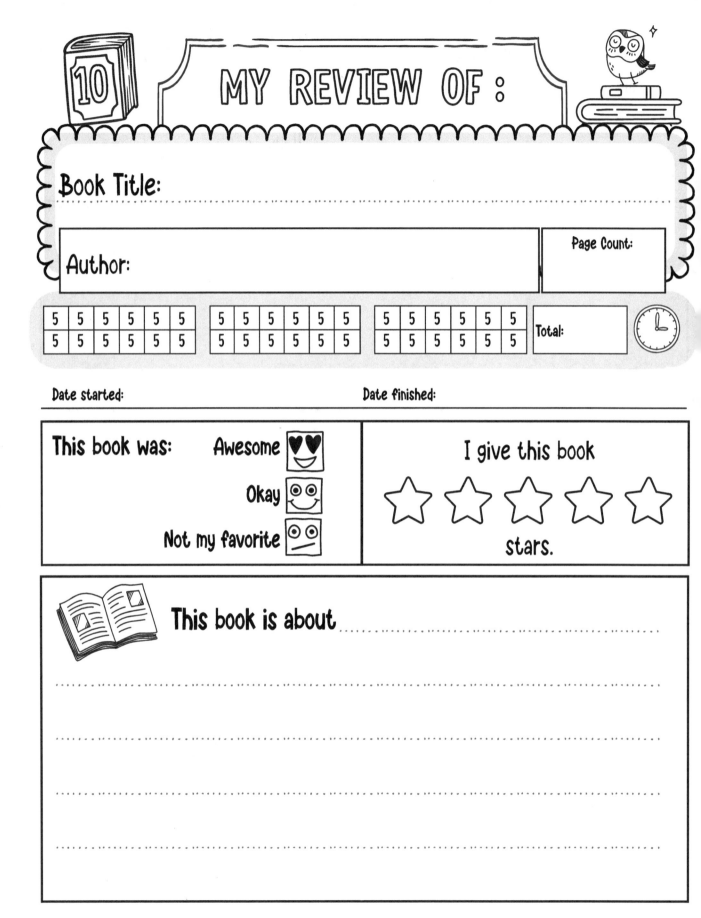

✻ Characters ✻

The main characters are: ....
....
....
My favorite character is: ....

✻ Setting ✻

Where does the story take place?
....
When? ....
....

My favorite part was ♡

....
....
....

Draw your favorite parts.

I [do] [don't] recommend this book because:

....
....
....

MY REVIEW OF :

Book Title: ....

Author:

Page Count:

5	5	5	5	5	5
5	5	5	5	5	5

5	5	5	5	5	5
5	5	5	5	5	5

5	5	5	5	5	5
5	5	5	5	5	5

Total:

Date started: .... **Date finished:** ....

This book was: Awesome Okay Not my favorite

I give this book ⭐⭐⭐⭐⭐ **stars.**

This book is about ....

....

....

....

....

Characters

The main characters are: ....
....
....
My favorite character is: ....

Setting

Where does the story take place?
....
When? ....
....

My favorite part was

....
....
....

Draw your favorite parts.

I ☐ do ☐ don't recommend this book because:

....
....
....

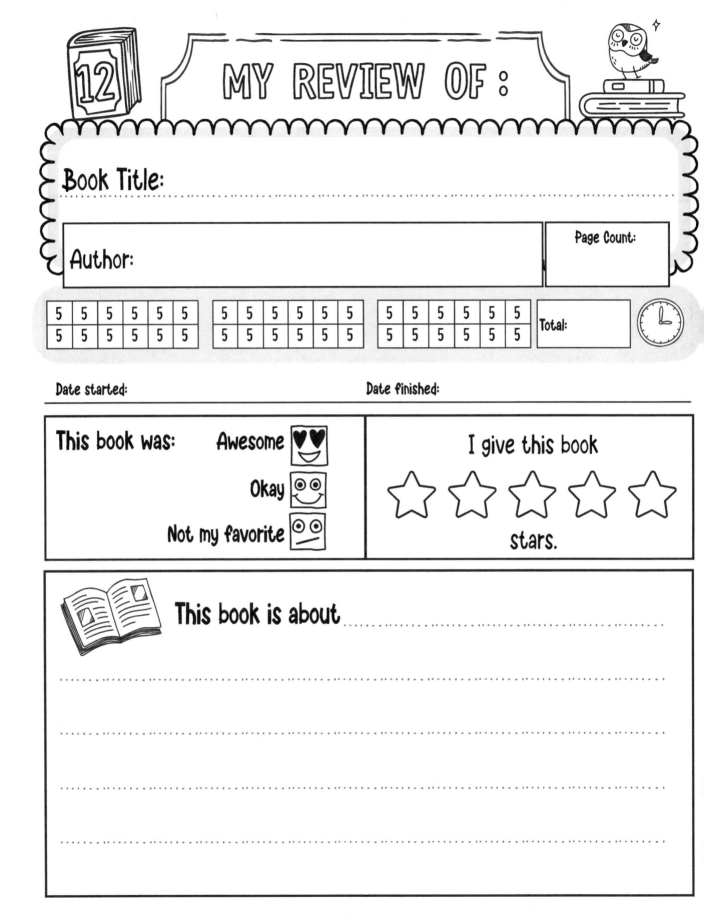

MY REVIEW OF :

Book Title:

Author:

Page Count:

5	5	5	5	5	5
5	5	5	5	5	5

5	5	5	5	5	5
5	5	5	5	5	5

5	5	5	5	5	5
5	5	5	5	5	5

Total:

Date started: **Date finished:**

This book was: Awesome   Okay   Not my favorite

I give this book

stars.

This book is about

Characters

The main characters are: ....
....
....
My favorite character is: ....

Setting

Where does the story take place?
....
When? ....
....

My favorite part was

♡

....
....
....

Draw your favorite parts.

I [do] [don't] recommend this book because:

....
....
....

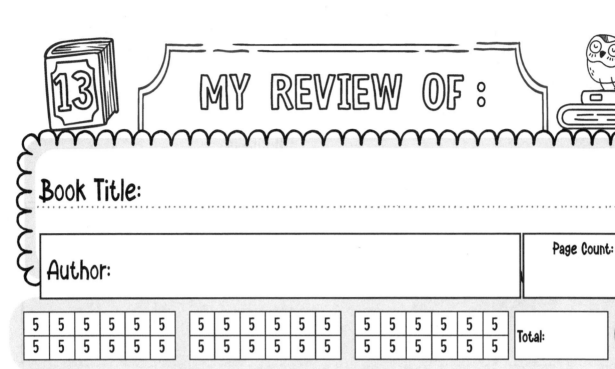

MY REVIEW OF :

Book Title:
....

Author:

Page Count:

| 5 | 5 | 5 | 5 | 5 | 5 |
| 5 | 5 | 5 | 5 | 5 | 5 |

| 5 | 5 | 5 | 5 | 5 | 5 |
| 5 | 5 | 5 | 5 | 5 | 5 |

| 5 | 5 | 5 | 5 | 5 | 5 |
| 5 | 5 | 5 | 5 | 5 | 5 |

Total:

Date started: **Date finished:**

This book was: Awesome
                      Okay
                      Not my favorite

I give this book
☆ ☆ ☆ ☆ ☆
stars.

This book is about ....

....

....

....

....

Characters

The main characters are: ....

....

....

My favorite character is: ....

Setting

Where does the story take place?

....

When? ....

....

My favorite part was ....

....

....

Draw your favorite parts.

I [do] [don't] recommend this book because:

....

....

....

MY REVIEW OF:

Book Title:

Author:

Page Count:

5	5	5	5	5	5
5	5	5	5	5	5

5	5	5	5	5	5
5	5	5	5	5	5

5	5	5	5	5	5
5	5	5	5	5	5

Total:

Date started: **Date finished:**

This book was:

Awesome

Okay

Not my favorite

I give this book

☆ ☆ ☆ ☆ ☆

stars.

This book is about

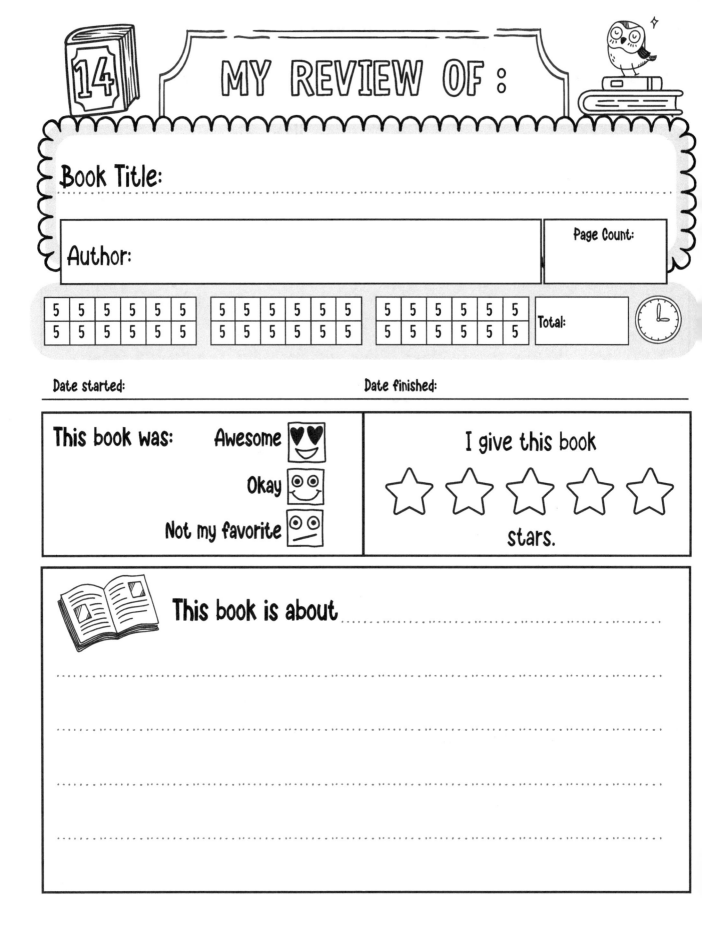

Characters

The main characters are: ....
....
....

My favorite character is: ....

Setting

Where does the story take place?
....

When? ....
....

My favorite part was ♡

....

....

....

Draw your favorite parts.

I | do | don't | recommend this book because:

....

....

....

MY REVIEW OF :

Book Title: ....

Author:

Page Count:

5	5	5	5	5	5		5	5	5	5	5	5		5	5	5	5	5	5
5	5	5	5	5	5		5	5	5	5	5	5		5	5	5	5	5	5

Total:

Date started: _____   **Date finished:** _____

This book was: Awesome 😍

Okay 😊

Not my favorite 😐

I give this book ☆ ☆ ☆ ☆ ☆ **stars.**

This book is about ....

....

....

....

....

Characters

The main characters are: ....
....
....
My favorite character is: ....

Setting

Where does the story take place?
....
When? ....
....

My favorite part was

....
....
....
....

Draw your favorite parts.

I | do | don't | recommend this book because:

....
....
....

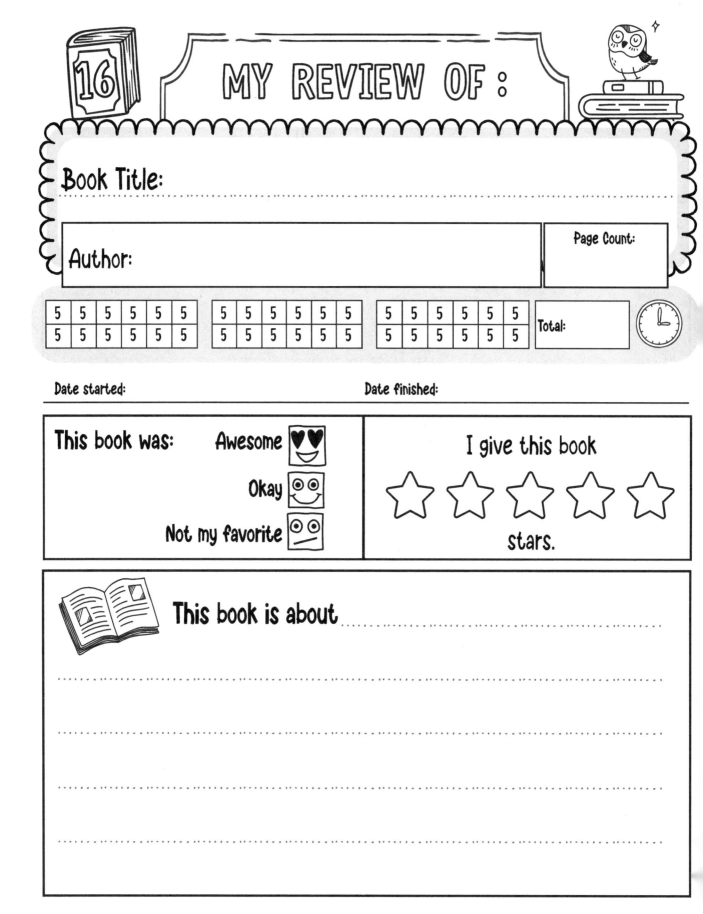

MY REVIEW OF :

16

Book Title:

Author:

Page Count:

| 5 | 5 | 5 | 5 | 5 | 5 | | 5 | 5 | 5 | 5 | 5 | 5 | | 5 | 5 | 5 | 5 | 5 | 5 |
| 5 | 5 | 5 | 5 | 5 | 5 | | 5 | 5 | 5 | 5 | 5 | 5 | | 5 | 5 | 5 | 5 | 5 | 5 |

Total:

Date started: Date finished:

This book was: Awesome
                        Okay
                        Not my favorite

I give this book
⭐ ⭐ ⭐ ⭐ ⭐
stars.

This book is about

✪ Characters ✪

The main characters are: ....
....
....
My favorite character is: ....

✪ Setting ✪

Where does the story take place?
....
When? ....
....

My favorite part was ♡

....

....

....

Draw your favorite parts.

I [do] [don't] recommend this book because:

....

....

....

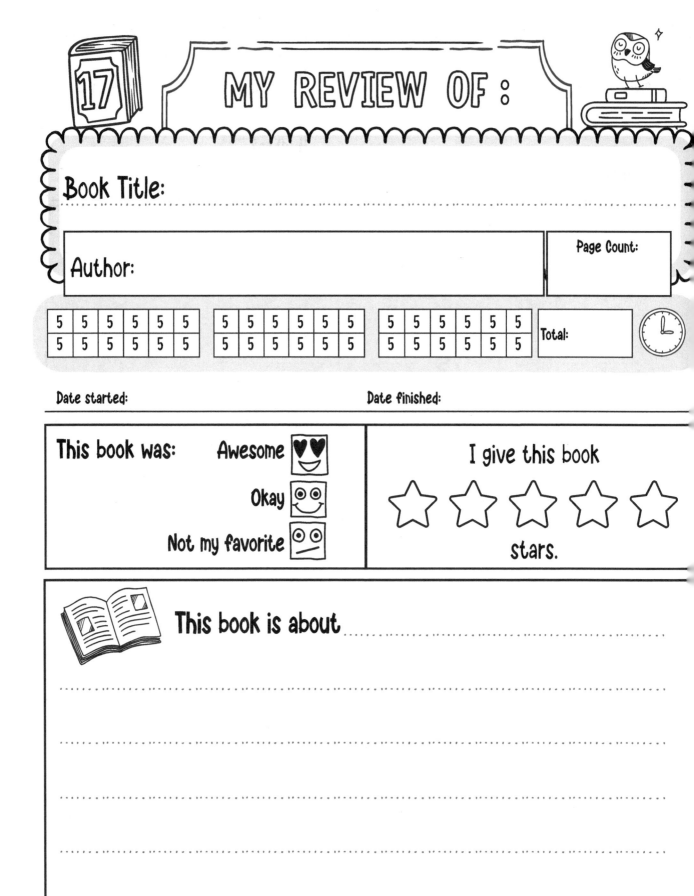

MY REVIEW OF :

17

Book Title:

Author:

Page Count:

5	5	5	5	5	5
5	5	5	5	5	5

5	5	5	5	5	5
5	5	5	5	5	5

5	5	5	5	5	5
5	5	5	5	5	5

Total:

Date started: Date finished:

This book was: Awesome

Okay

Not my favorite

I give this book

⭐ ⭐ ⭐ ⭐ ⭐

stars.

This book is about ....

Characters

The main characters are: ....
....
....
My favorite character is:.........................

Setting

Where does the story take place?
....
When? ....
....

My favorite part was

....
....
....

Draw your favorite parts.

I | do | don't | recommend this book because:

....
....
....

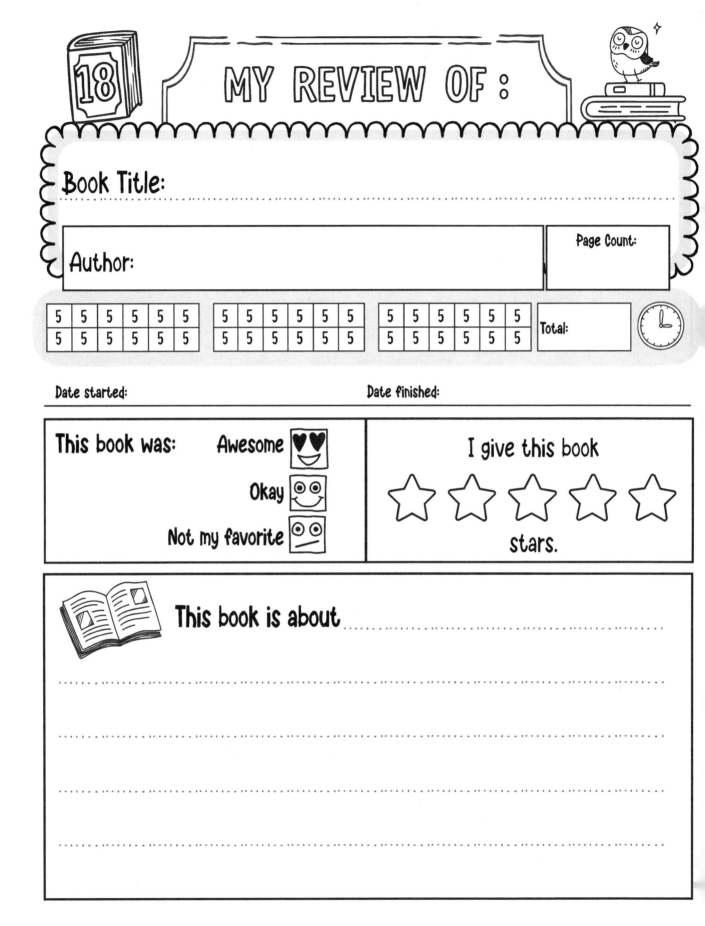

MY REVIEW OF :

Book Title:
....

Author:

Page Count:

5	5	5	5	5	5		5	5	5	5	5	5		5	5	5	5	5	5
5	5	5	5	5	5		5	5	5	5	5	5		5	5	5	5	5	5

Total:

Date started: Date finished:

This book was:

Awesome

Okay

Not my favorite

I give this book

☆ ☆ ☆ ☆ ☆

stars.

This book is about ....

....

....

....

....

Characters

The main characters are: ....
....
....
My favorite character is: ....

Setting

Where does the story take place?
....
When? ....
....

My favorite part was

....
....
....

Draw your favorite parts.

I | do | don't | recommend this book because:

....
....
....

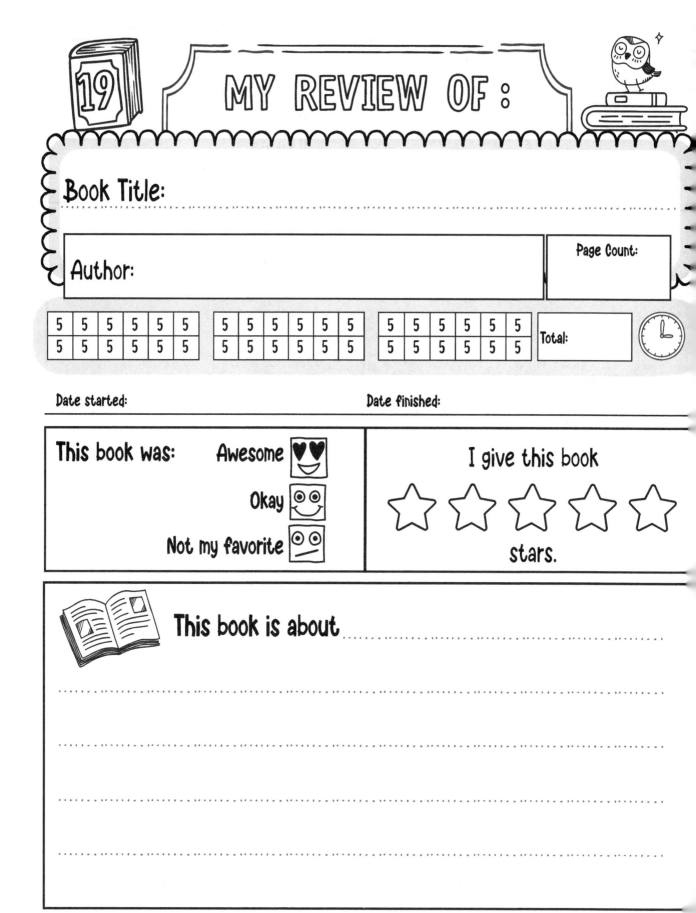

MY REVIEW OF :

19

Book Title:
....

Author:

Page Count:

| 5 | 5 | 5 | 5 | 5 | 5 | | 5 | 5 | 5 | 5 | 5 | 5 | | 5 | 5 | 5 | 5 | 5 | 5 |
| 5 | 5 | 5 | 5 | 5 | 5 | | 5 | 5 | 5 | 5 | 5 | 5 | | 5 | 5 | 5 | 5 | 5 | 5 |

Total:

Date started: Date finished:

This book was: Awesome

Okay

Not my favorite

I give this book

⭐ ⭐ ⭐ ⭐ ⭐

stars.

This book is about ....

....

....

....

....

Characters

The main characters are: ....
....
....

My favorite character is:..

Setting

Where does the story take place?
....

When? ....
....

My favorite part was

....
....
....

Draw your favorite parts.

I ⬛do ⬛don't recommend this book because:

....
....
....

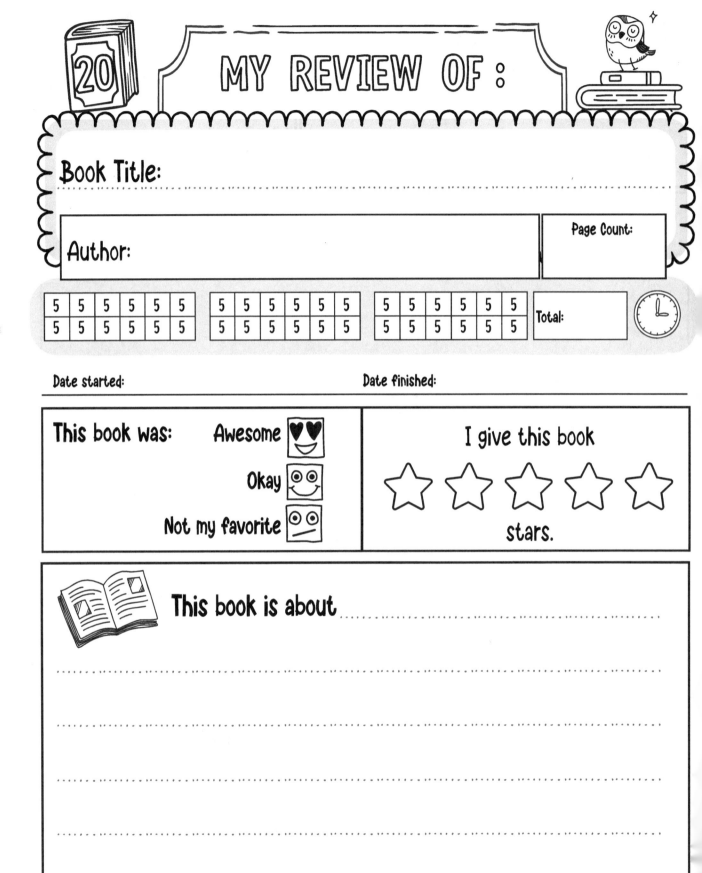

Characters

The main characters are: ....
....
....
My favorite character is:..........................

Setting

Where does the story take place?
....
When? ....
....

My favorite part was

♡
....
....
....

Draw your favorite parts.

I | do | don't | recommend this book because:

....
....
....

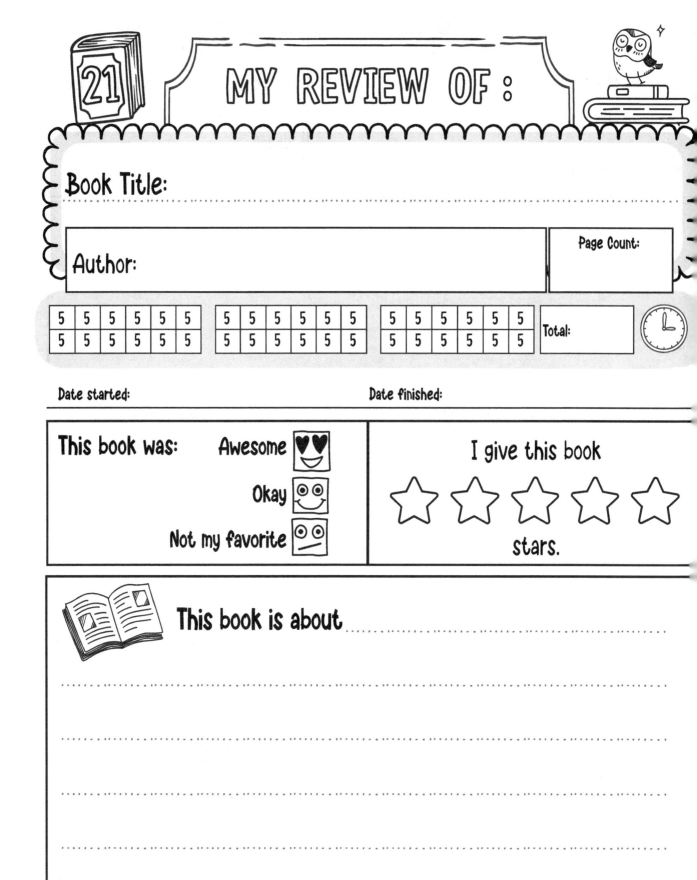

MY REVIEW OF :

21

Book Title:

Author:

Page Count:

5	5	5	5	5	5		5	5	5	5	5	5		5	5	5	5	5	5
5	5	5	5	5	5		5	5	5	5	5	5		5	5	5	5	5	5

Total:

Date started:

Date finished:

This book was:

Awesome

Okay

Not my favorite

I give this book

stars.

This book is about

Characters

The main characters are: ....
....
....
My favorite character is: ....

Setting

Where does the story take place?
....
When? ....
....

My favorite part was

....
....
....

Draw your favorite parts.

I [do] [don't] recommend this book because:

....
....
....

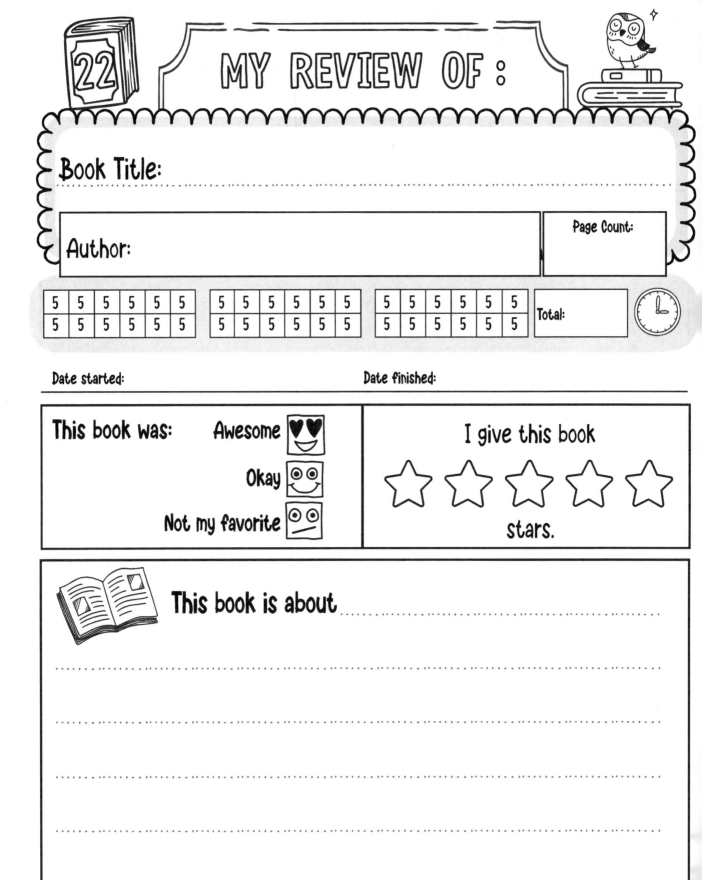

MY REVIEW OF :

Book Title: ....

Author:

Page Count:

| 5 | 5 | 5 | 5 | 5 | 5 |
| 5 | 5 | 5 | 5 | 5 | 5 |

| 5 | 5 | 5 | 5 | 5 | 5 |
| 5 | 5 | 5 | 5 | 5 | 5 |

| 5 | 5 | 5 | 5 | 5 | 5 |
| 5 | 5 | 5 | 5 | 5 | 5 |

Total:

Date started:

Date finished:

This book was: Awesome

Okay

Not my favorite

I give this book

⭐ ⭐ ⭐ ⭐ ⭐

stars.

This book is about ....

....

....

....

....

Characters

The main characters are: ....
....
....

My favorite character is: ....

Setting

Where does the story take place?
....

When? ....
....

My favorite part was

....

....

....

Draw your favorite parts.

I |do| |don't| recommend this book because:

....

....

....

MY REVIEW OF :

Book Title: ....

Author:

Page Count:

| 5 | 5 | 5 | 5 | 5 | 5 | | 5 | 5 | 5 | 5 | 5 | 5 | | 5 | 5 | 5 | 5 | 5 | 5 | Total: |
| 5 | 5 | 5 | 5 | 5 | 5 | | 5 | 5 | 5 | 5 | 5 | 5 | | 5 | 5 | 5 | 5 | 5 | 5 | |

Date started: _____   Date finished: _____

This book was: Awesome
                   Okay
                   Not my favorite

I give this book
⭐ ⭐ ⭐ ⭐ ⭐
stars.

This book is about ....

....

....

....

....

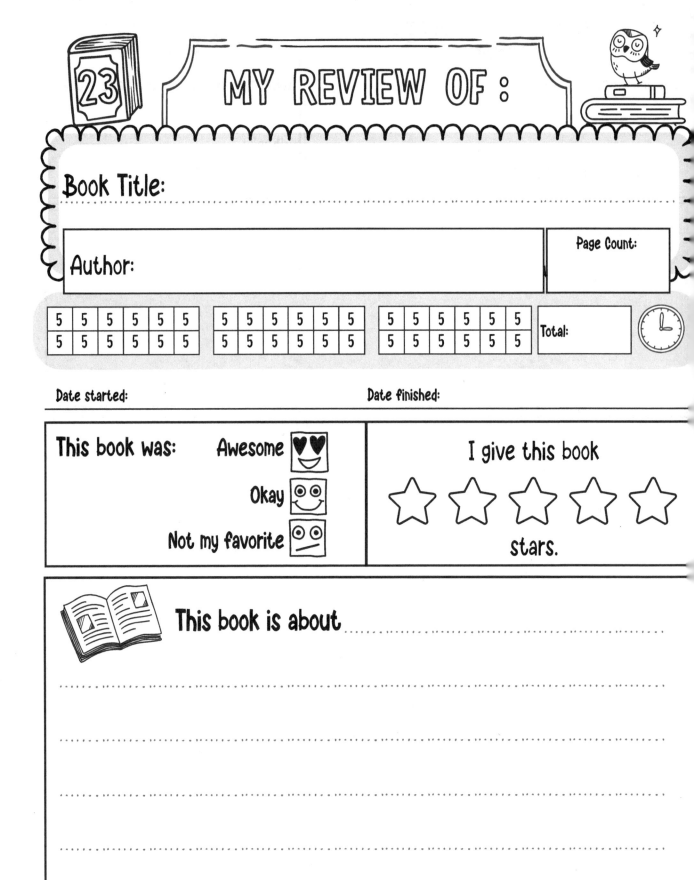

Characters

The main characters are: ....
....
....
My favorite character is: ....

Setting

Where does the story take place?
....
When? ....
....

My favorite part was

....
....
....
....

Draw your favorite parts.

I ⬚ do ⬚ don't recommend this book because:

....
....
....

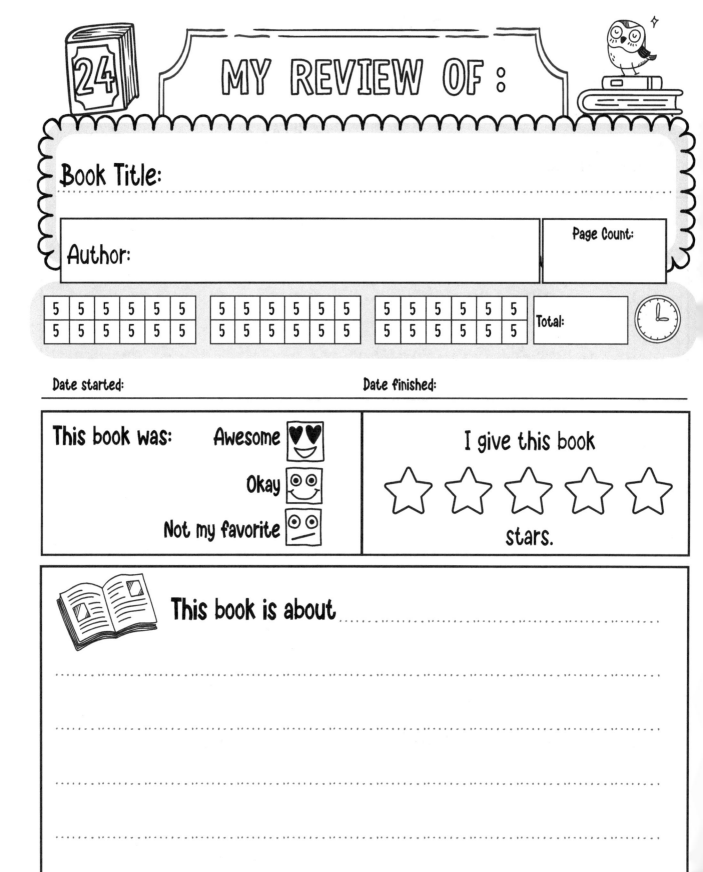

24

MY REVIEW OF :

Book Title: ....

Author:

Page Count:

| 5 | 5 | 5 | 5 | 5 | 5 | | 5 | 5 | 5 | 5 | 5 | 5 | | 5 | 5 | 5 | 5 | 5 | 5 |
| 5 | 5 | 5 | 5 | 5 | 5 | | 5 | 5 | 5 | 5 | 5 | 5 | | 5 | 5 | 5 | 5 | 5 | 5 |

Total:

Date started: _____   **Date finished:** _____

This book was: Awesome   Okay   Not my favorite

I give this book   ☆ ☆ ☆ ☆ ☆   **stars.**

This book is about ....

....

....

....

....

✿ Characters ✿

The main characters are: ....
....
....
My favorite character is: ....

✿ Setting ✿

Where does the story take place?
....
When? ....
....

My favorite part was ♡
....
....
....

Draw your favorite parts.

I [do] [don't] recommend this book because:

....
....
....

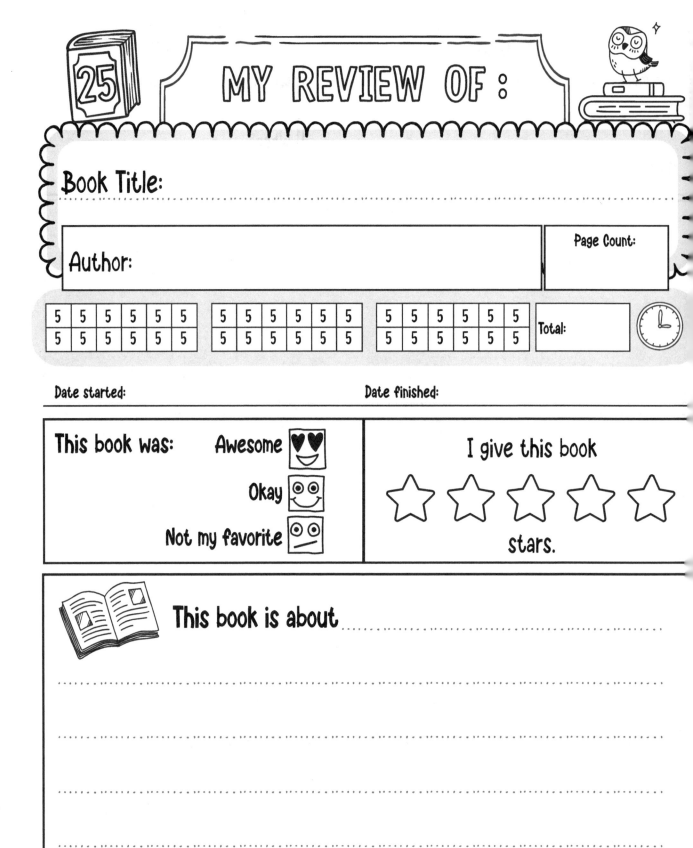

MY REVIEW OF :

25

Book Title:

Author:

Page Count:

5	5	5	5	5	5
5	5	5	5	5	5

5	5	5	5	5	5
5	5	5	5	5	5

5	5	5	5	5	5
5	5	5	5	5	5

Total:

Date started:　　　　　　　**Date finished:**

This book was:　　Awesome
　　　　　　　　　　Okay
　　　　　Not my favorite

I give this book

⭐ ⭐ ⭐ ⭐ ⭐

stars.

This book is about

☆ Characters ☆

The main characters are: ....

....

....

My favorite character is: ....

☆ Setting ☆

Where does the story take place?

....

When? ....

....

My favorite part was ♡

....

....

....

Draw your favorite parts.

I | do | don't | recommend this book because:

....

....

....

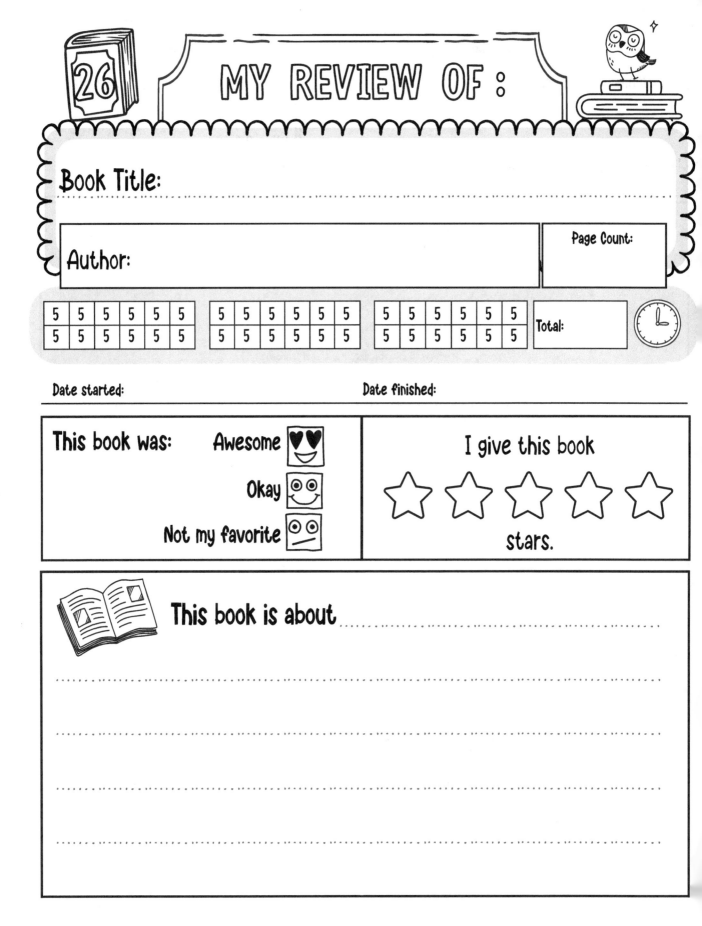

MY REVIEW OF :

26

Book Title: ....

Author:

Page Count:

5	5	5	5	5	5
5	5	5	5	5	5

5	5	5	5	5	5
5	5	5	5	5	5

5	5	5	5	5	5
5	5	5	5	5	5

Total:

Date started:

Date finished:

This book was:

Awesome

Okay

Not my favorite

I give this book

⭐ ⭐ ⭐ ⭐ ⭐

stars.

This book is about ....

....

....

....

....

Characters ✵

The main characters are: ....
....
....
My favorite character is: ....

Setting ✵

Where does the story take place?
....
When? ....
....

My favorite part was ♡

....
....
....

Draw your favorite parts.

I [do] [don't] recommend this book because:

....
....
....

MY REVIEW OF :

Book Title:
....

Author:

Page Count:

5	5	5	5	5	5		5	5	5	5	5	5		5	5	5	5	5	5		Total:
5	5	5	5	5	5		5	5	5	5	5	5		5	5	5	5	5	5		

Date started: **Date finished:**

This book was: Awesome

Okay

Not my favorite

I give this book

stars.

 **This book is about** ....

....

....

....

....

Characters

The main characters are: ....
....
....
My favorite character is: ....

Setting

Where does the story take place?
....
When? ....

My favorite part was .... ♡
....
....
....

Draw your favorite parts.

I | do | don't | recommend this book because:

....
....
....

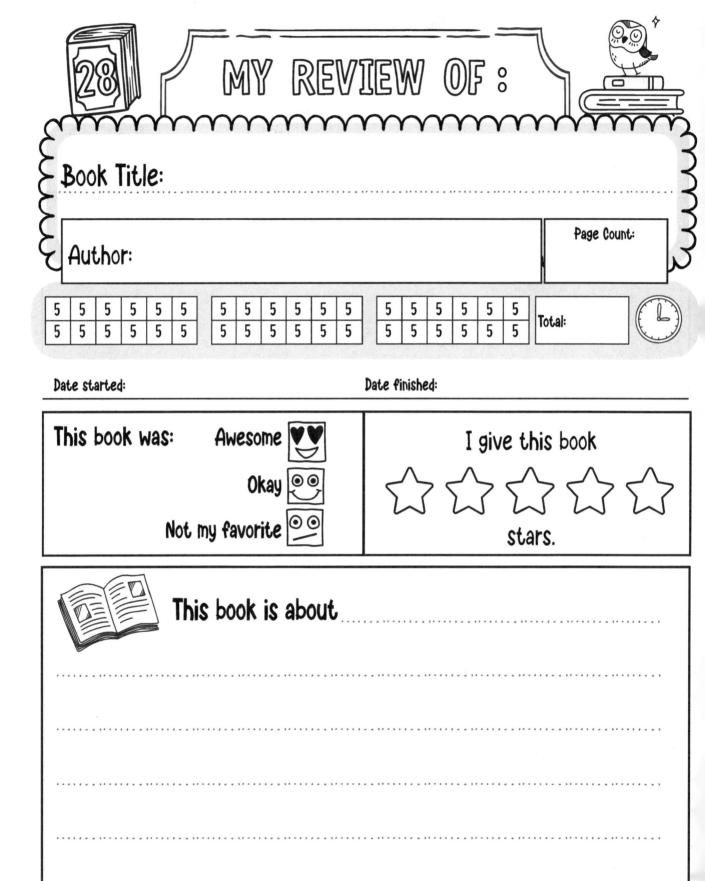

28

MY REVIEW OF :

Book Title:

Author:

Page Count:

| 5 | 5 | 5 | 5 | 5 | 5 | | 5 | 5 | 5 | 5 | 5 | 5 | | 5 | 5 | 5 | 5 | 5 | 5 |
| 5 | 5 | 5 | 5 | 5 | 5 | | 5 | 5 | 5 | 5 | 5 | 5 | | 5 | 5 | 5 | 5 | 5 | 5 |

Total:

Date started: Date finished:

This book was: Awesome

Okay

Not my favorite

I give this book

☆ ☆ ☆ ☆ ☆

stars.

This book is about

⚑ Characters ⚑

The main characters are: ....
....
....
My favorite character is: ....

⚑ Setting ⚑

Where does the story take place?
....
When? ....
....

My favorite part was ♡

....
....
....

Draw your favorite parts.

I ☐ do ☐ don't recommend this book because:

....
....
....

MY REVIEW OF :

Book Title:

Author:

Page Count:

| 5 | 5 | 5 | 5 | 5 | 5 |
| 5 | 5 | 5 | 5 | 5 | 5 |

| 5 | 5 | 5 | 5 | 5 | 5 |
| 5 | 5 | 5 | 5 | 5 | 5 |

| 5 | 5 | 5 | 5 | 5 | 5 |
| 5 | 5 | 5 | 5 | 5 | 5 |

Total:

Date started:

Date finished:

This book was:

Awesome

Okay

Not my favorite

I give this book

☆ ☆ ☆ ☆ ☆

stars.

This book is about

Characters

The main characters are: ....
....
....
My favorite character is: ....

Setting

Where does the story take place?
....
When? ....
....

My favorite part was
....

....

....

Draw your favorite parts.

I | do | don't | recommend this book because:

....

....

....

MY REVIEW OF :

Book Title: ....

Author:

Page Count:

5	5	5	5	5	5
5	5	5	5	5	5

5	5	5	5	5	5
5	5	5	5	5	5

5	5	5	5	5	5
5	5	5	5	5	5

Total:

Date started: _____   **Date finished:** _____

This book was:
Awesome
Okay
Not my favorite

I give this book
⭐ ⭐ ⭐ ⭐ ⭐
stars.

This book is about ....

....

....

....

....

✿ Characters ✿

The main characters are: ....
....
....
My favorite character is: ....

✿ Setting ✿

Where does the story take place?
....
When? ....
....

My favorite part was ♡
....
....
....

Draw your favorite parts.

I [do] [don't] recommend this book because:
....
....
....

31

MY REVIEW OF :

Book Title:
....

Author:		Page Count:

| 5 | 5 | 5 | 5 | 5 | 5 | | 5 | 5 | 5 | 5 | 5 | 5 | | 5 | 5 | 5 | 5 | 5 | 5 | Total: |
| 5 | 5 | 5 | 5 | 5 | 5 | | 5 | 5 | 5 | 5 | 5 | 5 | | 5 | 5 | 5 | 5 | 5 | 5 | |

Date started: Date finished:

This book was: Awesome
                   Okay
                   Not my favorite

I give this book
☆ ☆ ☆ ☆ ☆
stars.

This book is about ....
....
....
....
....

Characters

The main characters are: ....
....
....
My favorite character is: ....

Setting

Where does the story take place?
....
When? ....
....

My favorite part was

♡

....

....

....

Draw your favorite parts.

I | do | don't | recommend this book because:

....

....

....

MY REVIEW OF :

Book Title:

Author:

Page Count:

5	5	5	5	5	5		5	5	5	5	5	5		5	5	5	5	5	5
5	5	5	5	5	5		5	5	5	5	5	5		5	5	5	5	5	5

Total:

Date started: Date finished:

This book was:

Awesome

Okay

Not my favorite

I give this book

★ ★ ★ ★ ★

stars.

This book is about

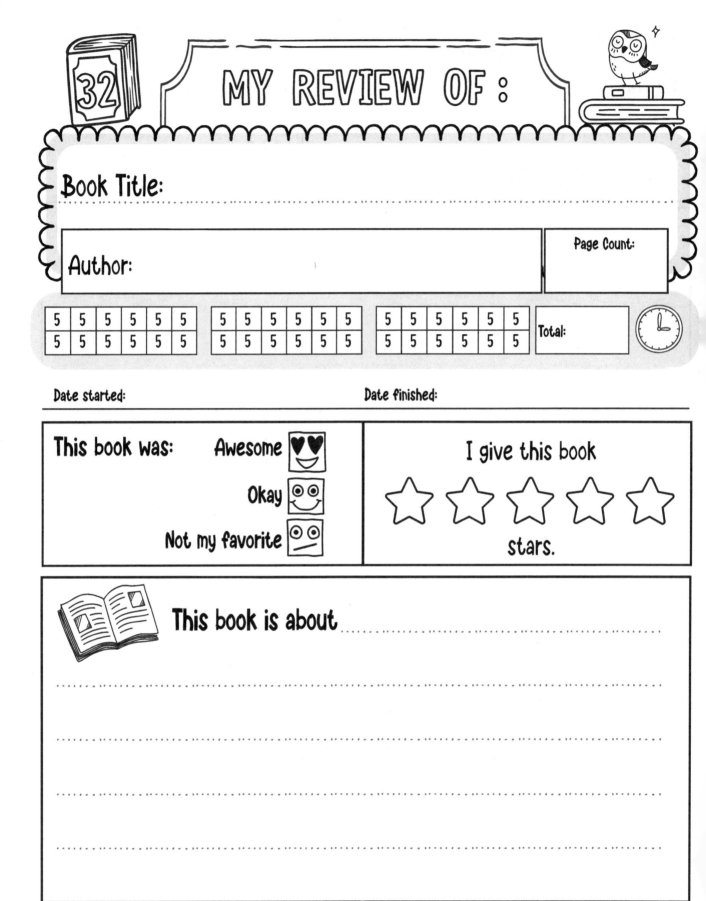

The main characters are: ....
....
....
My favorite character is: ....

Where does the story take place?
....

When? ....
....

My favorite part was
....

....

....

Draw your favorite parts.

I | do | don't | recommend this book because:

....

....

....

MY REVIEW OF :

Book Title: ....

Author:

Page Count:

5	5	5	5	5	5
5	5	5	5	5	5

5	5	5	5	5	5
5	5	5	5	5	5

5	5	5	5	5	5
5	5	5	5	5	5

Total:

Date started: .... **Date finished:** ....

This book was:
Awesome
Okay
Not my favorite

I give this book
⭐ ⭐ ⭐ ⭐ ⭐
stars.

This book is about ....

....

....

....

....

Characters

The main characters are: ....
....
....
My favorite character is:.......................

Setting

Where does the story take place?
....
When? ....
....

My favorite part was

♡

....

....

....

Draw your favorite parts.

I | do | don't | recommend this book because:

....

....

....

MY REVIEW OF :

34

Book Title: ....

Author:

Page Count:

5	5	5	5	5	5
5	5	5	5	5	5

5	5	5	5	5	5
5	5	5	5	5	5

5	5	5	5	5	5
5	5	5	5	5	5

Total:

Date started: _____   Date finished: _____

This book was: Awesome

Okay

Not my favorite

I give this book

☆ ☆ ☆ ☆ ☆

stars.

This book is about ....

....

....

....

....

Characters

The main characters are: ....
....
....
My favorite character is: ....

Setting

Where does the story take place?
....
When? ....
....

My favorite part was ♡
....
....
....

Draw your favorite parts.

I | do | don't | recommend this book because:

....
....
....

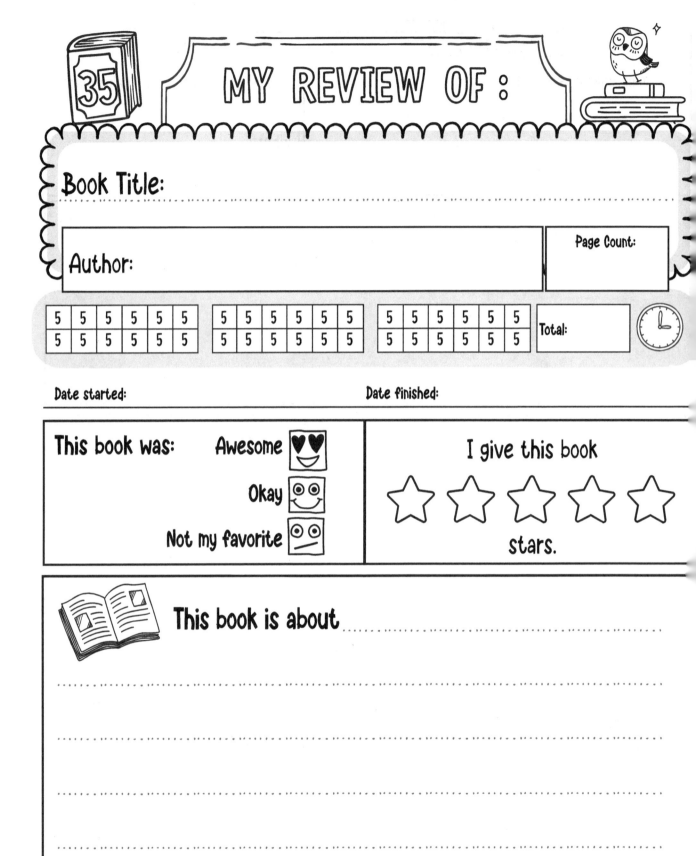

MY REVIEW OF :

35

Book Title:
....

Author:

Page Count:

| 5 | 5 | 5 | 5 | 5 | 5 | | 5 | 5 | 5 | 5 | 5 | 5 | | 5 | 5 | 5 | 5 | 5 | 5 | **Total:** |
| 5 | 5 | 5 | 5 | 5 | 5 | | 5 | 5 | 5 | 5 | 5 | 5 | | 5 | 5 | 5 | 5 | 5 | 5 | |

Date started: **Date finished:**

This book was: Awesome

Okay

Not my favorite

I give this book

☆ ☆ ☆ ☆ ☆

stars.

This book is about ....

....

....

....

....

Characters

The main characters are: ....

....

....

My favorite character is: ....

Setting

Where does the story take place?

....

When? ....

....

My favorite part was

....

....

....

Draw your favorite parts.

I | do | don't | recommend this book because:

....

....

....

MY REVIEW OF :

Book Title:

Author:

Page Count:

5	5	5	5	5	5		5	5	5	5	5	5		5	5	5	5	5	5		**Total:**
5	5	5	5	5	5		5	5	5	5	5	5		5	5	5	5	5	5		

Date started: _____   **Date finished:** _____

This book was: Awesome   Okay   Not my favorite

I give this book ⭐⭐⭐⭐⭐ **stars.**

This book is about ....

....

....

....

....

Characters

The main characters are: ....
....
....
My favorite character is: ....

Setting

Where does the story take place?
....
When? ....
....

My favorite part was ♡

....

....

....

Draw your favorite parts.

I [do] [don't] recommend this book because:

....

....

....

MY REVIEW OF :

Book Title:

Author:

Page Count:

5	5	5	5	5	5
5	5	5	5	5	5

5	5	5	5	5	5
5	5	5	5	5	5

5	5	5	5	5	5
5	5	5	5	5	5

Total:

Date started: **Date finished:**

This book was: Awesome
                      Okay
                      Not my favorite

I give this book

☆ ☆ ☆ ☆ ☆

stars.

This book is about

Characters

The main characters are: ....
....
....
My favorite character is: ....

Setting

Where does the story take place?
....
When? ....
....

My favorite part was ♡

....
....
....

Draw your favorite parts.

I │do│ │don't│ recommend this book because:

....
....
....

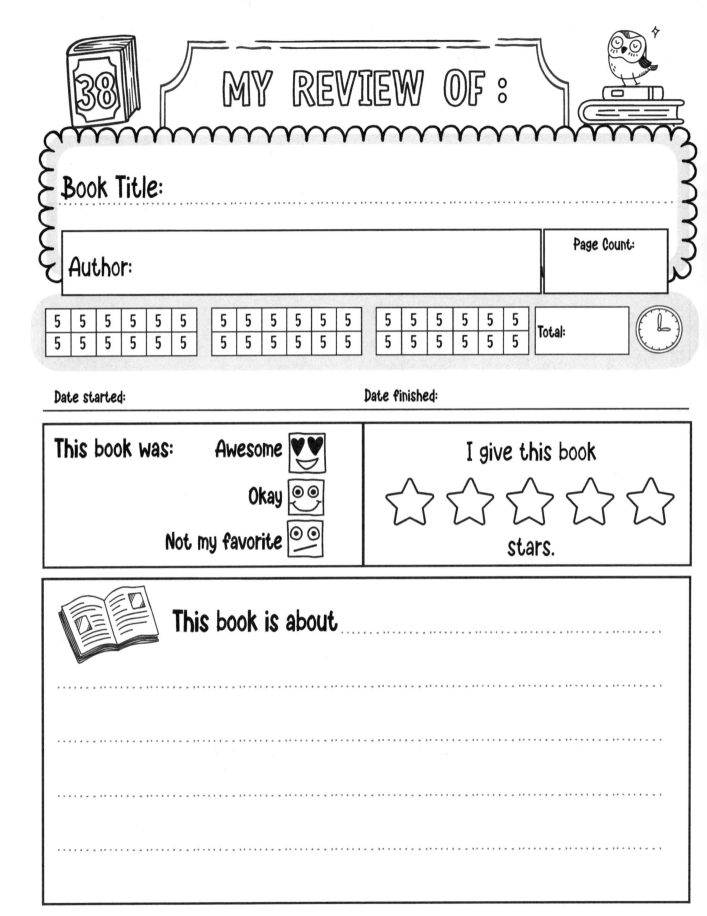

38

MY REVIEW OF :

Book Title:

Author:

Page Count:

| 5 | 5 | 5 | 5 | 5 | 5 |
| 5 | 5 | 5 | 5 | 5 | 5 |

| 5 | 5 | 5 | 5 | 5 | 5 |
| 5 | 5 | 5 | 5 | 5 | 5 |

| 5 | 5 | 5 | 5 | 5 | 5 |
| 5 | 5 | 5 | 5 | 5 | 5 |

Total:

Date started: Date finished:

This book was: Awesome

Okay

Not my favorite

I give this book

☆ ☆ ☆ ☆ ☆

stars.

This book is about

Characters

The main characters are: ....
....
....
My favorite character is: ....

Setting

Where does the story take place?
....
When? ....

My favorite part was ....
....
....
....
....

Draw your favorite parts.

I [do] [don't] recommend this book because:

....
....
....

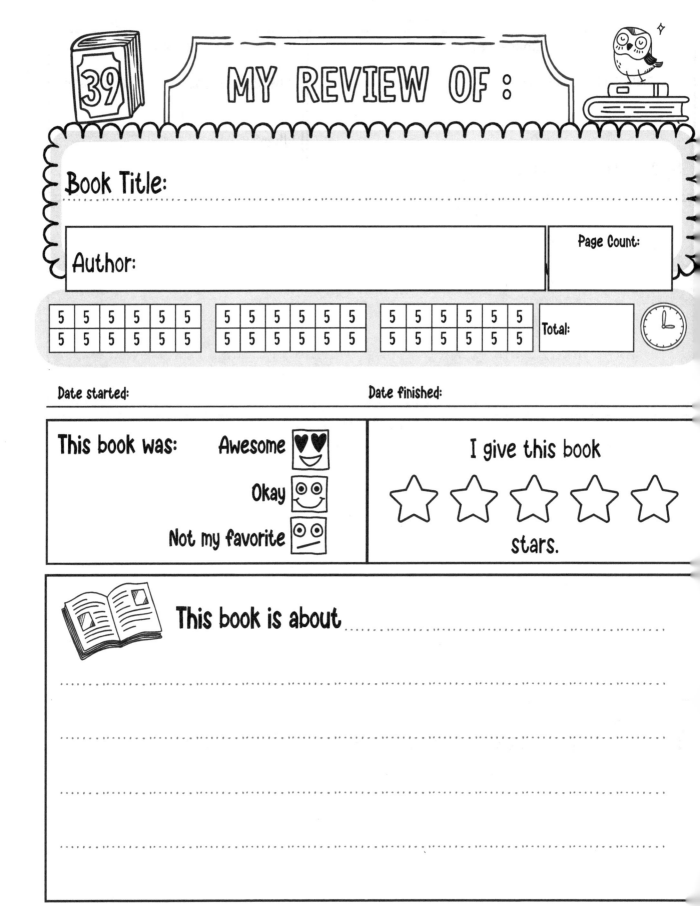

39

MY REVIEW OF :

Book Title:

Author:

Page Count:

| 5 | 5 | 5 | 5 | 5 | 5 | | 5 | 5 | 5 | 5 | 5 | 5 | | 5 | 5 | 5 | 5 | 5 | 5 | Total: |
| 5 | 5 | 5 | 5 | 5 | 5 | | 5 | 5 | 5 | 5 | 5 | 5 | | 5 | 5 | 5 | 5 | 5 | 5 | |

Date started: Date finished:

This book was: Awesome

Okay

Not my favorite

I give this book
⭐ ⭐ ⭐ ⭐ ⭐
stars.

This book is about

Characters

The main characters are: ....
....
....
My favorite character is: ....

Setting

Where does the story take place?
....
When? ....
....

My favorite part was

....

....

....

Draw your favorite parts.

I | do | don't | recommend this book because:

....

....

....

MY REVIEW OF :

Book Title: ....

Author:

Page Count:

5	5	5	5	5	5		5	5	5	5	5	5		5	5	5	5	5	5
5	5	5	5	5	5		5	5	5	5	5	5		5	5	5	5	5	5

Total:

Date started: _____   **Date finished:** _____

This book was: Awesome   Okay   Not my favorite

I give this book

⭐ ⭐ ⭐ ⭐ ⭐

stars.

This book is about ....

....

....

....

....

Characters

The main characters are: ....

....

....

My favorite character is: ....

Setting

Where does the story take place?

....

When? ....

....

My favorite part was

♡

....

....

....

Draw your favorite parts.

I [do] [don't] recommend this book because:

....

....

....

MY REVIEW OF :

Book Title:
....

Author:

Page Count:

| 5 | 5 | 5 | 5 | 5 | 5 | | 5 | 5 | 5 | 5 | 5 | 5 | | 5 | 5 | 5 | 5 | 5 | 5 |
| 5 | 5 | 5 | 5 | 5 | 5 | | 5 | 5 | 5 | 5 | 5 | 5 | | 5 | 5 | 5 | 5 | 5 | 5 |

Total:

Date started: **Date finished:**

This book was:

Awesome

Okay

Not my favorite

I give this book
☆ ☆ ☆ ☆ ☆
stars.

This book is about ....

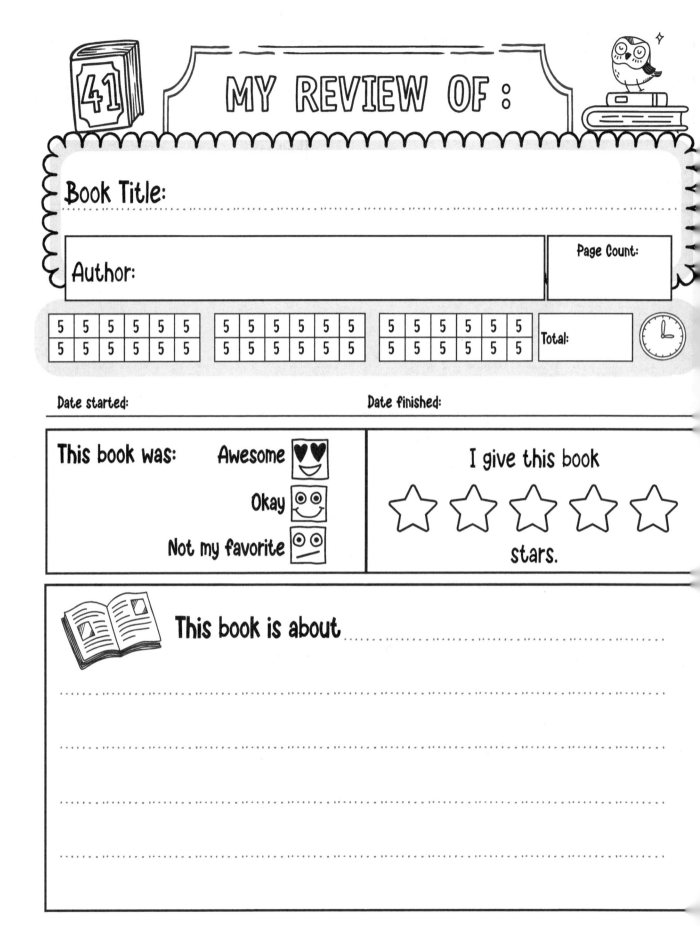

The main characters are: ....
....
....
My favorite character is: ....

Where does the story take place?
....
When? ....
....

My favorite part was ....

....

....

....

Draw your favorite parts.

I [do] [don't] recommend this book because:

....

....

....

MY REVIEW OF :

Book Title:

Author:

Page Count:

																		Total:
5	5	5	5	5	5	5	5	5	5	5	5	5	5	5	5	5	5	
5	5	5	5	5	5	5	5	5	5	5	5	5	5	5	5	5	5	

Date started: **Date finished:**

This book was: Awesome
                          Okay
                          Not my favorite

I give this book

⭐ ⭐ ⭐ ⭐ ⭐

stars.

This book is about

Characters

The main characters are: ....
....
....
My favorite character is: ....

Setting

Where does the story take place?
....
When? ....

My favorite part was

....
....
....

Draw your favorite parts.

I | do | don't | recommend this book because:

....
....
....

MY REVIEW OF :

Book Title:
....

Author:

Page Count:

5	5	5	5	5	5		5	5	5	5	5	5		5	5	5	5	5	5
5	5	5	5	5	5		5	5	5	5	5	5		5	5	5	5	5	5

Total:

Date started: **Date finished:**

This book was:

Awesome

Okay

Not my favorite

I give this book

☆ ☆ ☆ ☆ ☆

stars.

This book is about ....

....

....

....

....

Characters

The main characters are: ....
....
....
My favorite character is: ....

Setting

Where does the story take place?
....
When? ....
....

My favorite part was ♡
....
....
....

Draw your favorite parts.

I | do | don't | recommend this book because:
....
....
....

MY REVIEW OF :

44

Book Title:

Author:

Page Count:

5	5	5	5	5	5
5	5	5	5	5	5

5	5	5	5	5	5
5	5	5	5	5	5

5	5	5	5	5	5
5	5	5	5	5	5

Total:

Date started: **Date finished:**

This book was:

Awesome

Okay

Not my favorite

I give this book

☆ ☆ ☆ ☆ ☆

stars.

This book is about

Characters

The main characters are: ....
....
....
My favorite character is: ....

Setting

Where does the story take place?
....
When? ....

My favorite part was ♡
....
....
....

Draw your favorite parts.

I [do] [don't] recommend this book because:

....
....
....

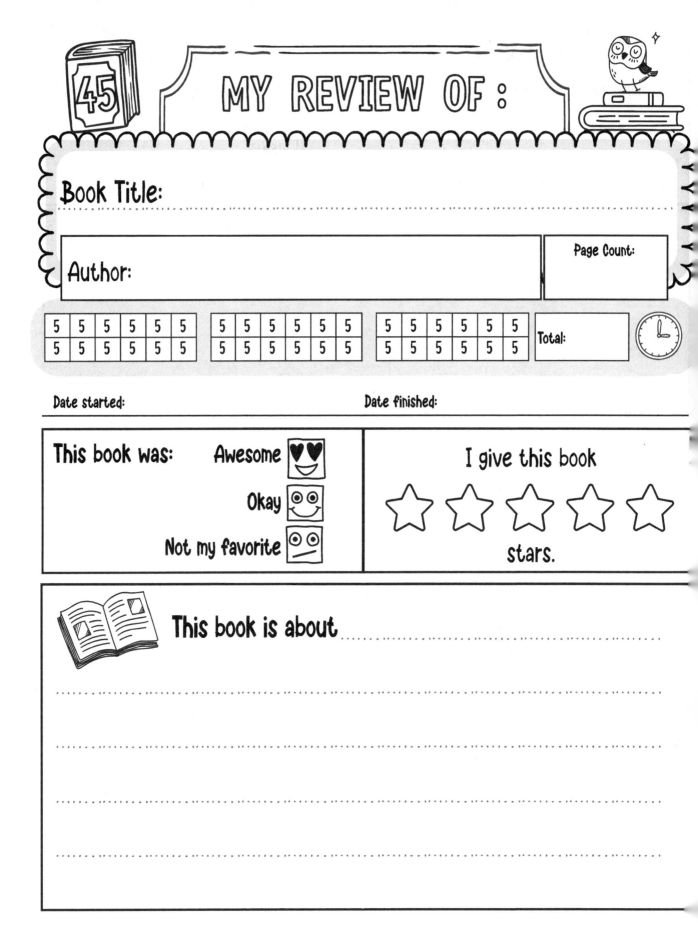

45

MY REVIEW OF :

Book Title:
....

Author:

Page Count:

5	5	5	5	5	5
5	5	5	5	5	5

5	5	5	5	5	5
5	5	5	5	5	5

5	5	5	5	5	5
5	5	5	5	5	5

Total:

Date started: _____   Date finished: _____

This book was: Awesome

Okay

Not my favorite

I give this book

☆ ☆ ☆ ☆ ☆

stars.

This book is about ....
....
....
....
....

Characters

The main characters are: ....
....
....
My favorite character is: ....

Setting

Where does the story take place?
....
When? ....
....

My favorite part was

....

....

....

Draw your favorite parts.

I | do | don't | recommend this book because:

....

....

....

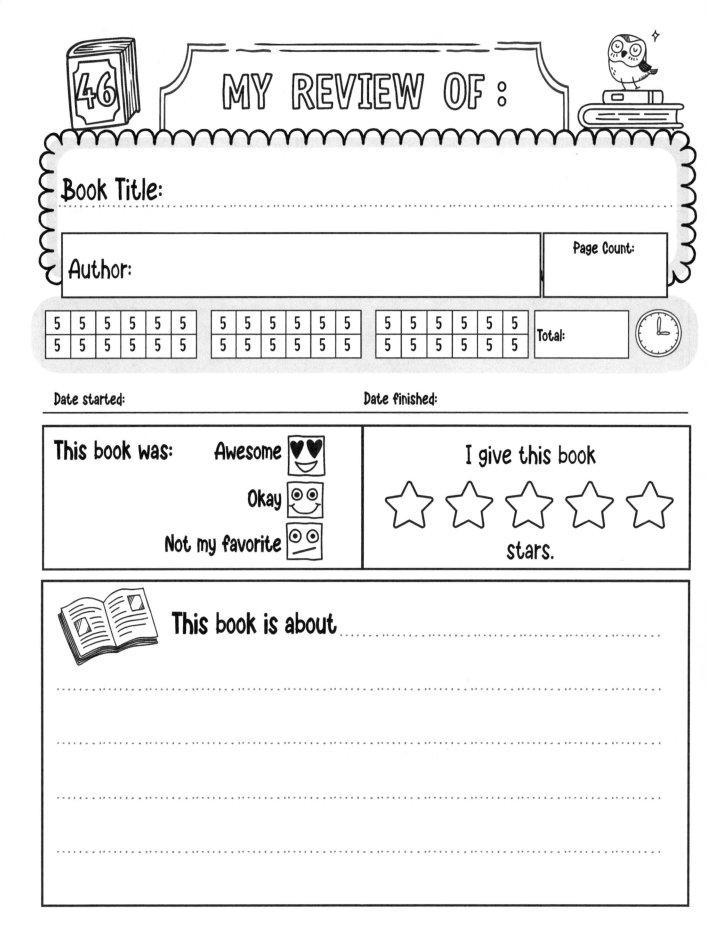

46

MY REVIEW OF :

Book Title: ....

Author:

Page Count:

5	5	5	5	5	5
5	5	5	5	5	5

5	5	5	5	5	5
5	5	5	5	5	5

5	5	5	5	5	5
5	5	5	5	5	5

Total:

Date started: Date finished:

This book was: Awesome

Okay

Not my favorite

I give this book

⭐ ⭐ ⭐ ⭐ ⭐

stars.

This book is about ....

....

....

....

....

Characters

The main characters are: ....
....
....
My favorite character is: ....

Setting

Where does the story take place?
....
When? ....
....

My favorite part was

....
....
....

Draw your favorite parts.

I | do | don't | recommend this book because:

....
....
....

MY REVIEW OF :

Book Title:
....

Author:

Page Count:

| 5 | 5 | 5 | 5 | 5 | 5 | | 5 | 5 | 5 | 5 | 5 | 5 | | 5 | 5 | 5 | 5 | 5 | 5 | **Total:** |
| 5 | 5 | 5 | 5 | 5 | 5 | | 5 | 5 | 5 | 5 | 5 | 5 | | 5 | 5 | 5 | 5 | 5 | 5 | |

Date started: _____   **Date finished:** _____

This book was: Awesome 😍   Okay 😊   Not my favorite 😐

I give this book ☆ ☆ ☆ ☆ ☆ **stars.**

This book is about ....

....

....

....

....

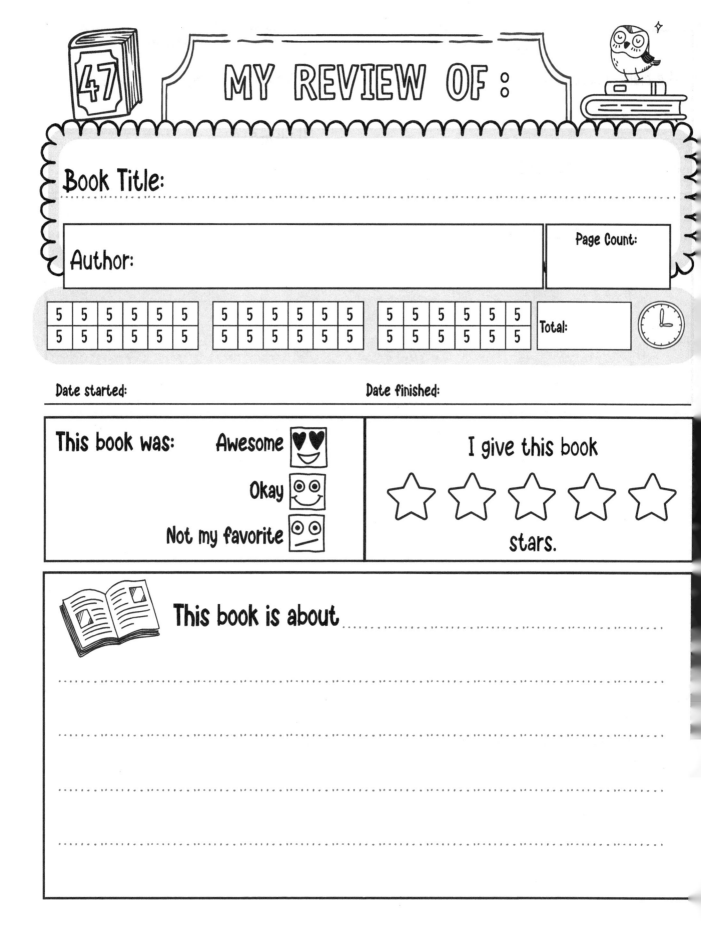

⚝ Characters ⚝

The main characters are: ....
....
....
My favorite character is: ....

⚝ Setting ⚝

Where does the story take place?
....
When? ....
....

My favorite part was ♡

....

....

....

Draw your favorite parts.

I do don't recommend this book because:

....

....

....

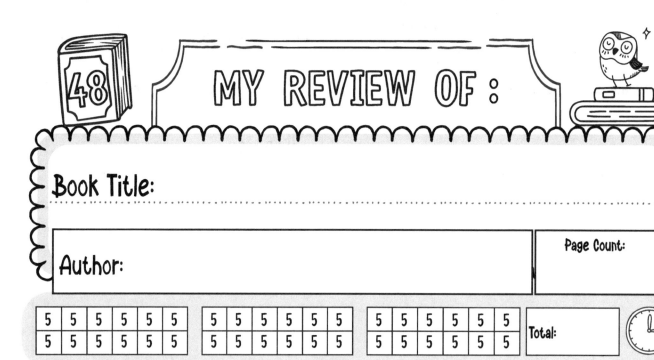

MY REVIEW OF :

Book Title: ....

Author:

Page Count:

| 5 | 5 | 5 | 5 | 5 | 5 | | 5 | 5 | 5 | 5 | 5 | 5 | | 5 | 5 | 5 | 5 | 5 | 5 |
| 5 | 5 | 5 | 5 | 5 | 5 | | 5 | 5 | 5 | 5 | 5 | 5 | | 5 | 5 | 5 | 5 | 5 | 5 |

Total:

Date started: **Date finished:**

This book was:

Awesome

Okay

Not my favorite

I give this book

stars.

This book is about ....

....

....

....

....

Characters

The main characters are: ....
....
....
My favorite character is: ....

Setting

Where does the story take place?
....
When? ....
....

My favorite part was ♡

....
....

....

....

Draw your favorite parts.

I [do] [don't] recommend this book because:

....

....

....

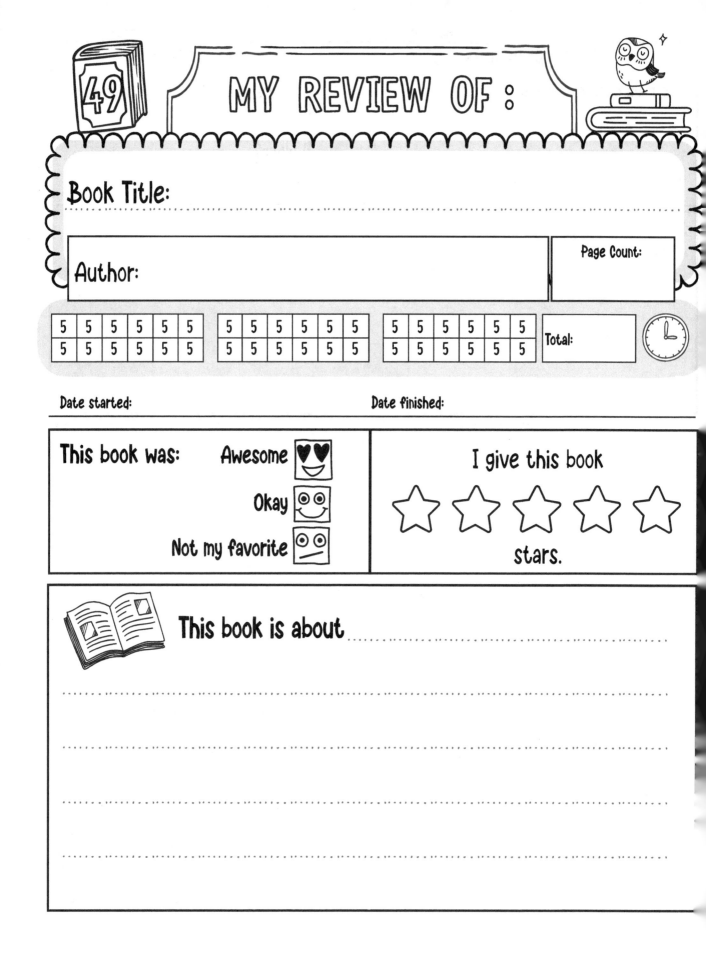

MY REVIEW OF :

49

Book Title:

Author:

Page Count:

| 5 | 5 | 5 | 5 | 5 | 5 |
| 5 | 5 | 5 | 5 | 5 | 5 |

| 5 | 5 | 5 | 5 | 5 | 5 |
| 5 | 5 | 5 | 5 | 5 | 5 |

| 5 | 5 | 5 | 5 | 5 | 5 |
| 5 | 5 | 5 | 5 | 5 | 5 |

Total:

Date started: **Date finished:**

This book was: Awesome
                        Okay
                  Not my favorite

I give this book
⭐ ⭐ ⭐ ⭐ ⭐
stars.

This book is about

✠ Characters ✠

The main characters are: ....
....
....

My favorite character is: ....

✠ Setting ✠

Where does the story take place?
....

When? ....
....

My favorite part was
....

....

....

Draw your favorite parts.

I | do | don't | recommend this book because:

....

....

....

MY REVIEW OF :

Book Title: ....

Author:

Page Count:

| 5 | 5 | 5 | 5 | 5 | 5 | | 5 | 5 | 5 | 5 | 5 | 5 | | 5 | 5 | 5 | 5 | 5 | 5 |
| 5 | 5 | 5 | 5 | 5 | 5 | | 5 | 5 | 5 | 5 | 5 | 5 | | 5 | 5 | 5 | 5 | 5 | 5 |

Total:

Date started: _____   **Date finished:** _____

This book was: Awesome 😍

                            Okay 🙂

                    Not my favorite 😐

I give this book

⭐ ⭐ ⭐ ⭐ ⭐

stars.

This book is about ....

....

....

....

....

Characters

The main characters are: ....
....
....
My favorite character is:...............................

Setting

Where does the story take place?
....
When? ....
....

My favorite part was

....
....
....

Draw your favorite parts.

I | do | don't | recommend this book because:

....
....
....

Made in United States
Troutdale, OR
12/12/2024